Volker Präkelt

BAFF! Wissen

Zicke, zacke, Dinokacke!

Was die Forscher in Riesenhaufen
finden und was sie über
die schrecklichen Echsen wissen

Mit Illustrationen von Derek Roczen

Arena

Volker Präkelt ist der geistige Vater der frechen Fernsehratte „Marvi Hämmer", deren Hörbücher den „Jahrespreis der Deutschen Schallplattenindustrie" bekamen. Er mag das Lied „Die Dinosaurier werden immer trauriger", auch wenn die letzte Strophe etwas abenteuerlich klingt: Angeblich passten die Dinos nicht auf die Arche Noah. Warum sie wirklich ausstarben, weiß keiner ganz genau.

Derek Roczen ist studierter Künstler und Trickfilmzeichner. Er illustriert Bücher mit Leidenschaft und entwickelt Trickfilmbeiträge fürs Fernsehen (3sat, arte). Seine Kurzfilme „Captain Bligh" und „Bärenbraut" wurden auf vielen Festivals gezeigt. Er lebt in Köln am Rhein und wird sich im nächsten Kölner Karneval als Dino verkleiden!

K-Riex ist ein Incisivosaurus, der vor 128 Millionen Jahren im heutigen China lebte. Der Minidino mit der großen Klappe wurde extra für dieses Buch zum Leben erweckt. Er spricht Berlinerisch.

Potus ist ein gewitzter Rabe, der durch die Zeiten fliegt und sich in Urzeiten wie Trias, Jura und Kreide bestens auskennt. Er hält sich für einen engen Verwandten der Dinos und findet den T-Rex völlig überschätzt.

Den Tyrannosaurus Rex, auch T-Rex genannt, kennt jeder.

Inhalt

4	Dinokino
7	Rex beißt T-Rex
10	Der Dinokacke auf der Spur
14	Super-Luis in der Kreide
19	Was ein Dino erzählen würde
22	Mary Anning und die Zehennägel des Teufels
26	Was ist bloß im Urmeer los?
30	Monster auf dem Dinoschiff
34	Gerippe auf der Kippe
38	Der Knochenkrieg der Dinojäger
42	BAFF! Wissen sucht den Überfliegersaurier
46	Deutschland – Dinoland
50	Wäre ich ein guter Dinoforscher?
54	Das Ende der Riesenechsen
58	Was uns von den Dinos blieb
61	Potus' Museumtipps
62	Zeittafel

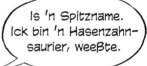

Wie heißt du? K-Riex? Klingt wie Karies.

Is 'n Spitzname. Ick bin 'n Hasenzahnsaurier, weeßte.

Potus

K-Riex

Dinokino

Stell dir vor, du sitzt im Kino. Lange passiert gar nix. Dann feuerrote Farbe. Eine Stimme donnert los: „Die Erde war ein glühender Ball. Überall Magma, Lava und Gase." – „Wann kommen die Dinos?", nölt dein Freund. Keine Ahnung! Es regnet im Film und du pennst ein.

Als du aufwachst, sind acht Stunden rum. Auf der Leinwand ist alles überschwemmt. Algen, Pilze, fiese Fische – das Urmeer. Dann rauschen Erdplatten aus dem Wasser. „Pangäa!", tönt die Stimme. „Der erste Riesenkontinent!"

Zwischen Farnen und Palmen wuseln riesige Libellen und meterlange Tausendfüßler. Krachend entstehen neue Kontinente: Laurasia und Gondwana. Dann zittert das ganze Kino. Nach elfeinhalb Stunden endlich Brachiosaurus und T-Rex. Die Show der Saurier! Geht doch!

Eine halbe Stunde ist was los. Dann sind die Riesenviecher weg, ganz kurz sieht man einen Menschen – und Schluss. Zum letzten Mal die Stimme: „Wenn man die Geschichte der Erde in zwölf Stunden erzählt, kommen wir Menschen nur ein paar Sekunden lang vor!"

Luis

Luis: Ein Stegosaurus! Das ist der mit den großen Knochenplatten. Ich liebe Dinogeschichten. Wie cool wäre es, wenn eines Nachts ein Raptor durch mein Fenster blinzeln würde.

Tom „Dakota" Tanner: Der frisst dich garantiert, Luis! Hallo, Dinofans! Ich heiße Tom und bin Paläontologe. Leute wie ich erforschen die Urzeit. Meine Freunde nennen mich „Dakota". In dem amerikanischen Bundesstaat South Dakota hat man viele Spuren des T-Rex entdeckt – ich war dabei.

Tom „Dakota" Tanner

Tyrannosaurus Rex

URVIECHER!

URMENSCH!

Rex beißt T-Rex

Können die beiden T-Rex-Geschichten wirklich so passiert sein?

T-Rex vom FBI beschlagnahmt?

So passiert! Das Skelett des T-Rex „Sue" wurde 1990 von der Forscherin Sue Hendrickson in South Dakota entdeckt. Auf dem Grundstück eines Farmers. Der hatte das Land den Forschern überlassen – aber ohne Dino. Das FBI beschlagnahmte die Fossilien. Ein jahrelanger Rechtsstreit um die Besitzrechte folgte. Schließlich wurde Sue versteigert. Den Zuschlag erhielt ein Museum in Chicago – für 7,6 Millionen Dollar.

Die Forscherin und ihr Dino

Potus packt aus

Jahrelang hielt man „Sue" für ein Mädchen. Jetzt vermutet man, dass es doch ein Junge war.

Ferien im Dinopark?

Frei erfunden! Einen Freizeitpark mit lebenden Dinos gibt es nur im Film „Jurassic Park". Der ist ab zwölf. Die Story: Ein stinkreicher Mann lässt die Dinos mithilfe der Gentechnik wiederauferstehen und baut einen Dinopark. Was als Spaziergang unter friedlichen Grasfressern beginnt, wird für die Menschen zum Albtraum. Im Dinopark Münchehagen gibt es keine lebendigen Dinos, sondern originalgetreue Modelle.

Nicht echt, aber echt toll! Der Giganotosaurus im Dinopark Münchehagen.

Potus packt aus

Das Wort „Dinosaurier" kommt aus dem Griechischen und bedeutet Schreckensechse. Erfunden hat es der britische Forscher Richard Owen. Der ließ einen riesigen Dino bauen und lud andere Forscher zum Essen ein – im Dinomagen.

Der Dinokacke auf der Spur
Luis befragt Tom „Dakota" Tanner

Luis: Professor Tanner, ich freue mich …

Professor Tanner: Den Professor lass mal gleich weg, Luis. Wenn wir verdreckt und verschwitzt nach Fossilien suchen, reden wir uns mit dem Vornamen an. Nenn mich einfach Tom!

Luis: Mach ich doch glatt, Tom! Du hast gerade was von Fossilien erzählt. Das sind ja Versteinerungen. Wann versteinern Knochen denn?

Tom: Wenn die Knochen – oder Schalen und Zähne, also die harten Körperteile – von Sand, Lehm oder Gestein bedeckt sind. Das dauert einige Millionen Jahre.

Luis: Und wie kommt man dran?

Ick bin erst seit 2002 bekannt.

Tom: Manchmal tragen Wind und Wetter Gesteinsschichten ab und die Fossilien liegen plötzlich frei. Wenn nicht, dann hilft uns ein Bodenradar. Elektromagnetische Wellen zeigen, was unter der Erde verborgen ist.

Luis: Klingt spannend. Und die Fossilien erzählen uns was über die ausgestorbenen Tiere und ihre Zeit?

Tom: Ja! Man kann messen, wie viel Salz das Meerwasser enthielt, in dem Meerestiere gelebt haben!

Verschiedene Ausgrabungen

Skelett eines Titanosaurus

Dinosaurier-Eier

Ob der Fußabdruck zur Kralle passt?

Fußabdruck eines Allosaurus

Luis: Meerwasser? Findet man denn an Land auch Fossilien von Meerestieren?

Tom: Und ob! Du darfst nicht vergessen, dass sich die Erde seit der Urzeit total verändert hat. Kennst du die Zugspitze?

Luis: Du meinst den höchsten Berg in Deutschland, oder?

Tom: Genau. Die Zugspitze war damals von einem Meer bedeckt. Und Deutschland lag vor 600 Millionen Jahren am Südpol. Geografisch gesehen.

Luis: Cool! Was findet man denn so aus dieser Zeit?

Tom: Zum Beispiel Lebewesen, die ihre Nahrung aus dem Wasser filterten. Der wohl älteste Saurier war der Eoraptor aus Argentinien.

Luis: Wie kriegt man denn raus, wie alt so ein Dinoskelett ist?

Tom: Eine Fundstätte ist wie ein Tatort. Wir gehen vor wie Kriminologen. Zuerst müssen wir wissen, wie alt die Gesteinsschicht ist. Dann prüfen wir, ob die Knochen zu Fossilien passen, die wir schon kennen. Modernste Technik hilft uns, das genaue Alter festzustellen. Wir nennen das Radiokohlenstoffdatierung.

Luis: Hammer! Hat was mit Atomen zu tun, oder?

Tom: Grob gesagt: Man kann messen, in welcher Zeit radioaktive Atome zerfallen. Das sagt uns, wie alt die Fundstücke sind. Auf jeden Fall muss man als Paläontologe – so nennt man Urzeitforscher wie

Echte Dinokacke vom T-Rex – versteinert

Zicke, zacke, Dinokacke!

mich – eine ganze Menge mehr können, als versteinerte Knochen ausbuddeln.

Luis: Stell ich mir krass vor.

Tom: Bis du den ersten Dinohaufen findest. Stinkt wie die Hölle. Nein, Quatsch! Versteinerte Haufen riechen nicht. In ihnen kann man vieles entdecken – unverdaute Speisereste wie Knochenteile oder Schalen. Die Speisekarte eines Dinos studieren, das kann spannend sein. Aber es gibt auch langweilige Tage.

Luis: Stink-langweilige?

Tom: Wenn man nur „Schulterknochen" findet. So nennen wir Knochen, die wir uninteressant finden. Und wegwerfen – über die Schulter.

Potus packt aus

Auch ein Saurier musste mal ins Gebüsch. Seine Haufen machte er zwischen Schachtelhalmen und Gingkobäumen. Koprolithen nennen die Wissenschaftler die versteinerte Hinterlassenschaft.

Super-Luis in der Kreide

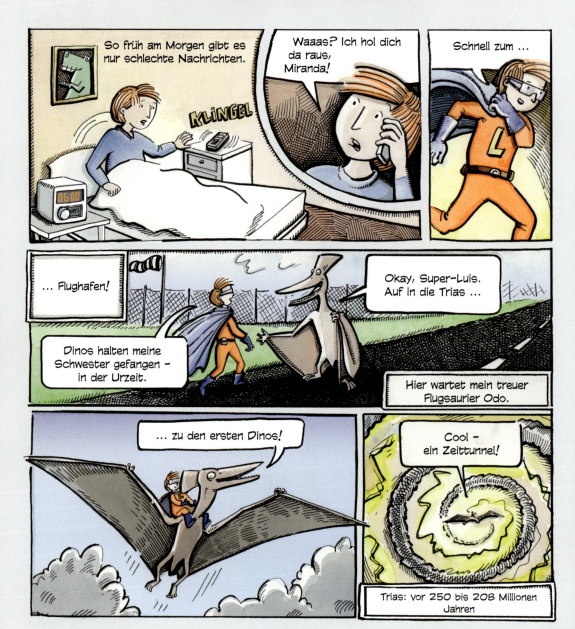

Brachiosaurus

Wann: vor ca. 150 Millionen Jahren
Länge: 30 Meter
Gewicht: 28 Tonnen
Ernährung: Pflanzenfresser
Kennzeichen: leichte Knochen

Herrerasaurus

Wann: vor ca. 228 Millionen Jahren
Länge: 3 Meter
Gewicht: 228 kg
Ernährung: Fleischfresser
Kennzeichen: Ein echter Ursaurier!

Velociraptor

Wann: vor ca. 85 Millionen Jahren
Länge: 2 Meter
Gewicht: 20 kg
Ernährung: Fleischfresser
Kennzeichen: jagt im Rudel

Triceratops

Wann: vor ca. 76 Millionen Jahren
Länge: 9 Meter
Gewicht: 10 Tonnen
Ernährung: Pflanzenfresser
Kennzeichen: 3 Hörner

T-Rex

Wann: vor ca. 67 Millionen Jahren
Länge: 13 Meter
Gewicht: 7 Tonnen
Ernährung: Fleischfresser
Kennzeichen: messerartige Zähne

Parasaurolophus

Wann: vor ca. 76 Millionen Jahren
Länge: 10 Meter
Gewicht: 4 Tonnen
Ernährung: Pflanzenfresser
Kennzeichen: kann Töne erzeugen

Ankylosaurus

Wann: vor ca. 75 Millionen Jahren
Länge: 10 Meter
Gewicht: 4 Tonnen
Ernährung: Pflanzenfresser
Kennzeichen: Schwanzkeule

Was ein Dino erzählen würde
Luis befragt einen kleinen und einen sehr großen Dinosaurier

Luis: Hallo! Toll, dass ich euch was fragen darf. Zur Sache. Ihr vermehrt euch durch äh …

Herrera: … Eierlegen?

Luis: Danke, Kleiner! Genau das wollte ich sagen, Herrera. Herr Brachio, in eurer Familie müssen die Dinoeier riesig sein?

Brachio: Frau Brachio, bitte. So groß auch wieder nicht. Größer als Fußbälle und sie gehen genauso selten kaputt.

Oviraptor-Mama im Eiernest.

Herrera: Groß oder klein, wir passen alle gut auf die Eier auf. Das beweist eine berühmte Versteinerung. Eine Oviraptor-Mama breitet schützend ihre Arme über ein Nest von 22 Eiern.

Brachio: Gefiederte Arme? Gehen die damit auf Kostümpartys? Mit RAPtor-Musik und Hackfleischbällchen?

Herrera: Pöh! Wenigstens essen wir keine Steine wie ihr Pflanzenfresser.

Luis: Magensteine – davon habe ich auch gehört. Damit zerkleinert ihr Sauropoden das Grünzeug, oder? Bleiben die ein Leben lang drin?

Brachio: Wenn sie abgeschliffen sind, müssen sie wieder raus. Da sitzt man schon mal eine Zeit im Gebüsch und drückt. Hinterher schlucken wir neue. Ist wichtig. Ich verputze am Tag eine halbe Tonne Grünfutter.

Herrera: Ach, du Kacke! Diese riesigen Haufen.

Brachio: Ich dachte, Fleischfresser wie du fürchten sich vor nichts! Oder gilt das nur für die – größeren?

Luis: Nicht streiten. Anderes Thema. Habt ihr euch zum Schlafen hingelegt?

Herrera: Ich schon.

Brachio: Ein bisschen Dösen, im Stehen. Als 30-Tonner kommst du nicht so schnell auf die Beine.

Luis: Bestimmt hattet ihr Angst vor den großen Theropoden, den fleischfressenden Bestien. Allosaurus und so. Wie kann man sich vor denen schützen?

Brachio: Einer passt auf und warnt die anderen. Und ein Treffer von unserem Schwanz haut jeden um.

Potus packt aus

Natürlich denken die Forscher auch über die Intelligenz der Tiere nach. Dazu untersuchen sie die Größe des Gehirns. Klassenbester war der Velociraptor. T-Rex war vermutlich der Doofste.

Ich will nicht nach Mallorca! Ein Giganotosaurus-Modell wirbt für eine Ausstellung.

Herrera: Wir verstecken uns. Oder rennen einfach weg.

Luis: Letzte Frage. Seid ihr nun eigentlich wechselwarme Reptilien oder Warmblüter?

Herrera: Ich werde erst munter, wenn die Sonne scheint. Also – wechselwarm.

Brachio: Also ich – ich bin ein Warmblüter. Meine Temperatur ist immer gleich. Ich hab gehört, das liegt an unserer Größe.

Luis: Danke, ihr zwei. Dann noch viel Spaß!

Nachsitzen! Ich würde sagen ... eine Million Jahre.

Mary Anning
und die Zehennägel des Teufels

Mary war die erste Dinojägerin. Sie suchte an den Klippen Südenglands – mit Erfolg! Potus hat ihr Tagebuch entdeckt.

Silvester 1812

Dieses Jahr haben wir viele Fossilien gefunden. Besonders „Schlangensteine!". Die haben wir verkauft. Das Beste aber war der Schädel – mit spitzen Zähnen und über einen Meter lang. Hat uns angeglotzt wie ein uraltes Meeresreptil. Bestimmt spült der nächste Sturm den Rest frei. Was ist das bloß für ein Tier? Vielleicht finde ich ja eine Antwort in den Büchern von Mrs Stock, der ich im Haushalt helfe. Wenn die Knochen zu keinem bekannten Tier passen, sind sie dann älter als wir Menschen? Davon will unser Pfarrer nichts wissen. Er nennt das, was wir finden, „Zehennägel des Teufels". Gott hat die Welt in einer Woche erschaffen, sagt er – mit allen Tieren und Menschen. Kommt mir kurz vor.

Ein Ammonit

> Ups – ein Ichthyosaurus! Einen ähnlichen
> fanden Mary und ihr Bruder Joseph.

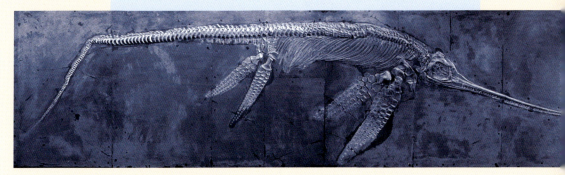

Silvester 1822

Wir sind arm wie die Kirchenmäuse. Aber mein Bruder hat Arbeit. Jetzt suche ich allein die Küste ab. Das Skelett zum Schädel habe ich gefunden. Fünf Meter lang! Ein paar Leute halfen beim Ausgraben. Manchmal kommen Wissenschaftler vorbei und streiten. Denn meine „Seeungeheuer" haben einen Kopf wie ein Fisch und Knochen wie ein Landwirbeltier. Wie passt das zusammen?

Silvester 1823

Wieder eine neue Entdeckung. Ich danke allen, die geholfen haben. Wir haben 100 Wirbel geborgen, bevor die Flut kam. Sie gehören zu einer unvorstellbaren Kreatur: Zähne wie ein Krokodil, ein kleiner Kopf und ein Hals wie eine Schlange. Das Beste: Der französische Naturforscher Georges Cuvier will sich meine Skizzen ansehen.

Silvester 1824

Schlechte Nachrichten. Cuvier glaubt mir nicht! So ein Tier kann es gar nicht geben, schreibt er. Ich bin am Boden zerstört. Aber in London verteidigt mich ein Forscher vor den anderen. Mein Plesiosaurus ist echt! Ich suche weiter.

Silvester 1829

Ein traumhafter Fund. Ohne Zweifel konnte dieses Urzeitwesen fliegen. Seine Klauen müssen messerscharf gewesen sein. Morgen muss ich wieder Ammoniten sammeln. Geld ist alle. Gott sei Dank habe ich zu Weihnachten neue Holzschuhe und einen warmen Mantel bekommen.

Potus packt aus

Ichthyosaurier sahen aus wie riesige Delfine. Manche wurden bis zu 15 Meter lang. Mit den langen Schnäbeln und den spitzen Zähnen waren sie gefährliche Meeresräuber.

Wer war sie?

Mary Anning wurde am 21. Mai 1799 in Südengland geboren. Die kinderreiche Familie war bitterarm. Deshalb suchte Marys Vater, ein Handwerker, nach Fossilien. Die verkaufte er dann. Er starb an der Lungenkrankheit Tuberkulose, als Mary elf war. Wenig später fand sie ihren ersten Ichthyosaurus. Mary konnte die Schule nur wenige Wochen besuchen. Ihr Wissen holte sie sich aus Büchern. Wäre sie nicht mit 47 Jahren gestorben, wer weiß, was sie noch alles herausgefunden hätte ...

Ichthyosaurus und Plesiosaurus – Mary Anning hat sie beide gefunden. Findest du die Fehler im Bild?

Was ist bloß im Urmeer los?
Luis befragt Tom „Dakota" Tanner

Luis: Die Geschichte von Mary ist der Hammer. Ich wette, man hat sie zur Professorin ernannt.

Tom: Denkste! Erst nach ihrem Tod wurde sie Ehrenmitglied der Geologischen Gesellschaft. Damals waren die Männer in der Wissenschaft ganz unter sich. Und bekämpften sich gegenseitig bis aufs Blut.

Luis: Wie die Dinosaurier – zu Land, zu Wasser und in der Luft ...

Tom: Stopp, Luis. Ich muss was aufklären. Dinosaurier – so nennt man nur die Landsaurier. Meeressaurier und Flugsaurier sind eigene Gruppen.

Luis: Also gehören die Ichthyosaurier zu den Meeressauriern.

Potus packt aus

Auch Vögel tummelten sich in der Kreidezeit unter Wasser. Zum Beispiel Hesperornis, einer meiner Urahnen. Wie ein riesiger Pinguin trieb er auf den Wellen. Erspähte er Futter, tauchte er blitzschnell unter und schnappte zu. Mit den Zähnen in seinem Schnabel hielt er seine Beute fest. An Land konnte er vermutlich nur robben. Übrigens, kennst du den: Wenn Robben hinter Robben robben, robben Robben Robben nach!

Aus dem Urmeer ins Museum – ein Plesiosaurus in Holzmaden.

Tom: Ja. Die hatten die größte Ähnlichkeit mit großen Fischen, daher nennt man sie auch Fischechsen oder Fischsaurier. An ihrer südenglischen Küste fand Mary besonders viele Fossilien von ihnen.

Luis: Und später den Plesiosaurus. Der war noch größer und stärker, oder?

Tom: Klar! Die Plesiosaurier jagten die kleineren Fischsaurier. Weil sie so einen langen Hals hatten, heißen sie auch Schlangenhalssaurier. Der Hals des Elasmosaurus war acht Meter lang. Vielleicht hielt er beim Schwimmen den Kopf über Wasser und schoss bei der Jagd nach unten.

Potus packt aus

> Richard Owen war der wichtigste Dinoforscher im 19. Jahrhundert. Er verglich Fossilien mit den Knochen bekannter Riesentiere. Einmal ließ er sich ein totes Nashorn ins Haus bringen. Das hat seiner Frau bestimmt ganz schön gestunken.

Luis: Ein langer Hals wie beim Ungeheuer von Loch Ness. Ist ein Scherz!

Tom: Aber ein guter! Witzigerweise sehen Zeichnungen von Nessie wie Plesiosaurier aus. Das einzige Foto hat sich längst als Fälschung entpuppt. Der Fotograf schnitzte Nessies Kopf aus einem Spielzeug-U-Boot!

Mit Nessie wa ick ma zum Schnorcheln verabredet.

Wenn du lügst, werden deine Zähne länger!

Luis: Ganz schön frech. Welche waren denn die gefährlichsten Unterwasserbestien?

Tom: Die Pliosaurier der Kreidezeit. Der deutsche Dinojäger Eberhard Frey grub einen in Mexiko aus, fast 18 Meter lang – mit vier riesigen Flossen. Dabei war es ein Jungtier!

Luis: Puh!

Tom: Einige Jahre später entdeckten norwegische Paläontologen einen ganzen Saurierfriedhof. Im Knochen eines Pliosaurus steckte noch der Zahn von einem Ichthyosaurus.

Loch Ness, ein See in Schottland – in Wirklichkeit ohne Nessie!

Luis: Der hat sich also gewehrt?

Tom: Kampflos ließen sich die Kleinen nicht verspeisen. Dann gab es noch die Mosasaurier. Die waren bis zu 18 Meter lang und hatten nach hinten gebogene Zähne, mit denen sie ihre Beute zerreißen konnten. Die gaben sich nicht mit Fischstäbchen zufrieden! Ein Prachtexemplar wurde in Maastricht in Holland entdeckt. Auch in Nordeuropa hat's von Riesenechsen und Dinosauriern gewimmelt. Davon später mehr.

Potus packt aus

Von wegen Nessie! Meeressaurier starben mit den Dinosauriern aus. Nach ihnen beherrschte der Riesenhai Megalodon die Meere der Urzeit. Der hatte ein Maul wie ein Scheunentor und sein Biss war zehnmal so kräftig wie der des weißen Hais.

Monster
auf dem Dinoschiff

Drohend schraubt sich der vogelartige Kopf in die Höhe. Ein Austro-raptor – fünf Meter hoch! Ich gehe in Deckung. Der Schiffsboden zittert und ein Krachen ertönt aus dem Frachtraum. Nein! Hilfe! Der Giganotosaurus hat sich befreit. Schon schiebt sich der Schatten eines Riesenschädels an der Brücke entlang. Aus dem Kiefer tropft damp-fender Geifer. Erbost beugt sich der Riese zu einem Rettungsboot und verbeißt sich darin. Auf allen vieren krieche ich zur Kajüte, reiße die Tür auf – und blicke in die starren Echsenaugen eines zweiten Raptors.

Aaaaaaargh! Von meinem eigenen Schrei wache ich auf. Kein Wun-der, dass man so etwas träumt, wenn man auf einem Dinoschiff un-terwegs ist. Eigentlich bringt der argentinische Frachter Autos nach Europa. Und fünf Container mit sauber zerleg-ten Skeletten von Dinosauriern. Die hat mein Onkel Ernesto vor ein paar Jahren entdeckt.

Vor dem Frühstück kontrolliere ich, ob an Deck alles klar ist. Vorsichtig mustere ich das Rettungsboot – keine Spur von Dinobissen.

Der beißt nicht! Ein Giganotosaurus im Dinopark Münchehagen.

Im offenen Frachtraum höre ich meinen Onkel schimpfen. Er hockt vor einem Container und starrt auf seine leeren Hände. „Hat mir die Möwe doch glatt einen Fingerknochen geklaut! 85 Millionen Jahre alt!"

Er ist völlig verzweifelt. Die seltenen Dinos nach Deutschland zu bringen, das ist sein Lebenswerk. Und jetzt fehlt ein wertvolles Stück. „Verdammte Biester", blafft er. „Ich hab den Deckel nur kurz aufgemacht."

Ich zeige auf den Container. „Ich dachte, da sind nur nachgemachte Knochen drin!" – „Eben nicht", zetert Onkel Ernesto. „Es gibt auch echte!" Ich versuche, ihn abzulenken. „Und der Giganotosaurus – echt oder nachgemacht?", frage ich. „Nachgemacht", knurrt er. „Was denkst du, wie schwer allein der Schädel wäre?" Da steckt also nur ein Plastikschädel in der Kiste! „Puh", sage ich erleichtert. „Ich habe nämlich geträumt …"

Mein Onkel sieht mich streng an. „Vor dem Einschlafen keine DVD mehr, Ramon", befiehlt er. „Übrigens, kennst du meinen schlimmsten Albtraum? Dass ich zum Frühstück komme und das Rührei ist alle. Los, in die Kombüse."

Als wir am Rettungsboot vorbeigehen, linse ich noch einmal rein. Da liegt ein knochenbleicher Brocken, krumm wie eine Möhre. „Schau mal, Onkel Ernesto. Ich glaub, die Möwen mochten das nicht!" Begeistert klopft er mir auf den Rücken und mir bleibt die Luft weg. „Hab ich's nicht gesagt, Ramon!", lacht er und umarmt mich. „Du hast das Zeug zum Dinojäger!" Ich klettere in das Boot und berge das wertvolle Stück.

„Gehört zu einem Carnotaurus", sagt er. „Zwei Hörner am Schädel – wie ein Rammbock." – „Und der ist wirklich echt?", frage ich. Er führt das Knochenstück an den Mund. „Wenn's an der Zunge klebt, Junge, dann ist das ein Knochen", sagt er. „Das liegt an den winzigen Kapillaren. Die sorgen für Haftung. Willst du mal probieren?" – „Nein danke", antworte ich. „Nicht vorm Frühstück."

Rätsel

Saurier haben die verrücktesten Namen. Hier sind fünf. Einer ist frei erfunden. Bestimmt entdeckst du den falschen Dino!

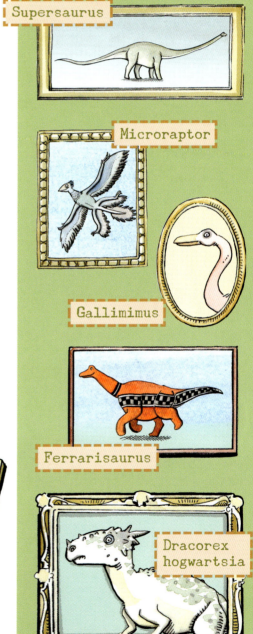

Gerippe auf der Kippe
Luis befragt Tom „Dakota" Tanner

Tom: Ich hab was mitgebracht. Zum Freilegen und zum Präparieren der Fossilien.

Luis: Pinsel, Bürste, Handfeger – und was soll das sein? Ein Staubsauger?

Tom: Im Gegenteil. Eine Düse! Damit arbeiten manche Restauratoren. Also Leute, die Skelette zusammenbasteln. Auch die Knochen des T-Rex Sue haben sie freigeblasen. Mit Backpulver! Löst den Schmutz und lässt den Knochen heil.

Luis: Klingt wie in der Werbung. Wie lange dauert es, bis ein fast 13 Meter langer Räuber wie Sue im Naturkundemuseum von Chicago steht und schön biestig aussieht?

Einfach riesig! T-Rex Sue, die Neue im Museum im Jahr 2000.

Tom: Ganz schön lange. Bis sie alles freigelegt hatten, waren die Forscher 25.000 Stunden lang beschäftigt.

Luis: Monsterlang. Ich weiß nicht, ob ich so viel Geduld hätte.

Tom: Anschließend wussten sie alles über den Siebentonner mit den 58 messerscharfen Zähnen. Sue hatte ein paar Rippenbrüche überstanden, böse entzündete Zähne und Rückenprobleme.

Luis: Weiß man eigentlich, wie Sue gestorben ist?

Tom: Sie war wohl von kleinen Schmarotzern befallen, konnte nicht mehr fressen und verhungerte. Natürlich waren die Forscher neugierig, wie es in ihrem riesigen Schädel aussah. Der wurde ganz vorsichtig transportiert. Denn einige Schädelknochen sind dünn und zerbrechlich.

Luis: Wie bei einem Schokoladenhasen? Hoffentlich nicht so hohl.

Tom: Das Gehirn des T-Rex war größer als das anderer Saurier. Aber sein Endhirn, also der Teil zum Denken, war klein. Der Schädel bereitete den Restauratoren echte Probleme.

Luis: Wieso?

Tom: Er war so schwer, dass die übrigen Knochen ihn gar nicht hätten halten können – so ganz ohne Muskeln. Natürlich wollte keiner riskieren, dass Sues Skelett im Museum zusammenkracht. Also fertigten die Fachleute einen leichteren Abguss an.

Luis: Von den anderen Knochen auch?

Tom: Bei Sue mussten sie das gar nicht. 90 Prozent waren schließlich erhalten. Die Knochen wurden fein säuberlich zusammengesetzt. Dieser T-Rex hat sich alles gefallen lassen und sieht verdammt echt aus.

Luis: Finde ich auch. Kommt einem vor, als ob sie jemand gerade beim Fressen stören wollte. Fehlt nur das Brüllen!

Den ersten T-Rex fand der Paläontologe Barnum Brown 1902 im US-Bundesstaat Wyoming. Er war verrückt nach Sauriern. Seine Frau schrieb später ein Buch mit dem Titel „Verheiratet mit einem Dinosaurier".

Tom: Die Museumsleute sind ganz stolz drauf. Ich war dabei, als Sue endlich wieder aufrecht stand, nach 67 Millionen Jahren. Den Kopf vorgereckt, den Rücken gerade und die kleinen Vorderarme wie in der Bewegung festgefroren.

Luis: Schade, dass es nach Chicago so weit ist.

Tom: In Deutschland gibt es aber auch spannende Dinoskelette.

Auf nach Berlin! Da steht das größte Dinoskelett der Welt.

Der Knochenkrieg der Dinojäger

BAFF! Wissen sucht den Überfliegersaurier

Tom: Willkommen zum Finale! Im Erdmittelalter bevölkern Flugsaurier den Himmel. Sie haben ledrige Schwingen, unglaubliche Kopfformen und spitze Zähne – aber was ist das? Der erste Kandidat hat einen Schnabel wie eine – Zahnbürste!

Potus: Das ist ein Pterodaustro. Keine Zähne im Maul, sondern Tausende Borsten – wie ein Wal. Prächtiges Exemplar. Knapp einen Meter groß, lebte vor 125 Millionen Jahren.

Tom: Unser erster Finalist kommt also aus der Kreide. Wow – sein Schnabel ist wirklich praktisch. Ernährte sich von Plankton, also winzigen Meerestieren. Andere Überflieger, die an Küsten und Stränden lebten, waren noch kleiner und hatten einen spitzen Unterkiefer. Mit dem konnten sie im Wasser nach Fischen tauchen. Achtung! Da kommt schon der nächste.

Potus packt aus

Federn suchst du bei Flugsauriern vergeblich. Die Schwingen bestanden aus lederartigen Schichten, die bei Tag die Sonnenwärme aufnahmen. Wie die Flugsaurier über den Boden liefen, weiß man nicht genau. Experten vermuten, dass sie sich auf vier „Beinen" bewegten.

Tupuxuara

Tom: Der Schädel des Tupuxuara ist über einen Meter lang. Die riesigen Scheitelkämme speicherten die Wärme, wenn die Sonne tief stand. Ernährt hat sich dieser Flugsaurier von Fisch – wie die meisten anderen auch. Übrigens: Fliegen und gleiten konnten die wohl prima. Aber wehe, es kam ein Windstoß. Dann stürzten sie wahrscheinlich ab, meinen die Forscher.

Quetzalcoatlus

Potus packt aus

„Nemi" heißt mit vollem Namen Nemicolopterus crypticus. Der zahnlose Flieger, klein wie ein Sperling, wurde erst vor wenigen Jahren entdeckt. Mit seinen gebogenen Zehenknochen konnte er sich gut an Zweigen festklammern. Vermutlich lebte er auf Bäumen und verputzte Insekten.

Tom: Da kommt Super-Luis mit einem Giganten. Die Luft zittert von seinen gewaltigen Flügelschlägen. Wen hast du uns mitgebracht, Luis? Du bist ja ganz außer Atem!

Super-Luis: Echt schwer, den Burschen einzufliegen. Ein Quetzalcoatlus northropi, der Riese unter den Flugsauriern. Sein Körperbau ähnelt dem eines Segelfliegers. Ideal für das Gleiten auf warmer, aufsteigender Luft.

Tom: Passt ja kaum in unsere Halle. Wer flattert mir denn da um die Nase? K-Riex, verscheuch den bitte mal!

K-Riex: Uff keenen Fall! Det ist Nemi, een alter Kumpel. Der vermutlich kleenste Flugsaurier der Jeschichte. Lebte im heutigen China, wie icke.

Tom: Interessant! Ich würde sagen, das ist unser Gewinner!

Deutschland – Dinoland

„Achtung, eine wichtige Verkehrsdurchsage. Auf der A81 Richtung Würzburg ist eine Herde Plateosaurier unterwegs. Wenn Sie dem Saurierstau entgehen wollen, benutzen Sie die Umleitung."

Abgefahren! So hätte der Verkehrsfunk vor ungefähr 210 Millionen Jahren geklungen, hätte es da schon Menschen gegeben. Hier, in Süddeutschland, beginnt unsere Ferienreise. Hab ich mir von Papa zum Geburtstag gewünscht. Erste Station ist Trossingen in Schwaben. Dort wurden 35 Skelette von Plateosauriern, den acht Meter hohen Pflanzenfressern, gefunden. Gut erhalten! Im Museum von Trossingen kannst du dir einen ansehen. Schon 1909 entdeckten Kinder die ersten Knochen der „schwäbischen Lindwürmer". Inzwischen sind die Langhalssaurier in der ganzen Welt zu bewundern.

Keine Täuschung – Dinos auf der Autobahn ...

Ganz schön urig – der Urvogel Archäopteryx

Cool! Deutschland ist Dinoland. Wir machen einen Abstecher nach Bayern ins Jura-Museum in Eichstätt. Dort in der Nähe von Solnhofen wurde 1861 der allererste Archäopteryx gefunden. Übersetzt heißt das „alte Feder". Da die Vorfahren des Tieres Reptilien waren, hat der Archäopteryx noch Zähne im Schnabel und Krallen an den Flügeln. Dabei besitzt er aber schon Federn wie ein Vogel. Fliegen konnte er wohl nicht so richtig.

Schau dir den Archäopteryx im Jura-Museum in Eichstätt an.

Mitgemacht! Entdeckerstunde mit T-Rex in Münchehagen.

Weiter geht's nach Frankfurt. Im Radio läuft Musik. Papa singt mit: „Die Dinosaurier werden immer trauriger – denn die Saurier dürfen nicht an Bord ..." Gemeint ist die Arche Noah. Quietsch! Vollbremsung! Auf dem Mittelstreifen reißt ein T-Rex sein Maul auf. „Bleib mal locker", sage ich. „Gehört zum Senckenberg-Museum." Wow! Den Eingangssaal muss jeder Dinofan gesehen haben. Ich stelle mich unter den Hals eines riesigen Pflanzenfressers. Gleich fällt mir das Lied wieder ein. „Sie machten sich ganz schmal und zogen ihre Ohren ein – und passten immer noch nicht in die Arche Noah rein ..." Die armen Saurier!

Puh! Kann nicht jemand die Schule abschaffen? Leider haben wir nicht mehr so viel Zeit. Nur noch für den Dinopark Münchehagen. Dort, am Steinhuder Meer in Niedersachsen wird immer noch gebuddelt. Die Forscher vermuten, dass es Kämpfe auf Leben und Tod gab – anscheinend haben die schlauen Velociraptoren da ein paar Pflanzenfresser vertilgt. Und mein Papa dachte, die gibt's nur im Kino.

Wäre ich ein guter Dino-forscher?
Ein Test für alle

Wenn du die Fragen beantwortest und deine Punkte zusammenzählst, weißt du mehr.

Mit welcher Wissenschaft kommt man den Dinosauriern auf die Spur?

☐ Paläontologie ❷

☐ Dinologie ⓪

☐ Meteorologie ⓪

Am Strand entdeckst du riesige Spuren. Was tun?

☐ Ein paar Spaßfotos machen und sofort rumschicken. ❶

☐ Kein Handy dabei? Spuren ausmessen, abzeichnen, die Stelle absperren. ❷

☐ Weg damit! Nachher bricht am Strand noch Panik aus. ⓪

Du siehst Werbung für einen Film, in dem T-Rex mit Giganotosaurus kämpft.

☐ Nix wie hin! Den willst du sehen, da kann man was lernen. ⓪

☐ Nur die Ruhe! DVD zu Weihnachten wünschen, du verpasst nichts. ①

☐ Dinokacke! Völlig unrealistisch – die sind sich im wahren Leben nie begegnet. ②

Auf dieser Briefmarke sieht man einen Brachiosaurus im Wasser. Was denkst du?

Diese Briefmarke gibt es wirklich.
Da haben die Zeichner wohl gepennt.

☐ Endlich gefunden: das Ungeheuer von Loch Ness! ⓪

☐ Da gehe ich nicht rein. Wegen der Quallen und so. ①

☐ Die spinnen! Der Brachio war doch kein Meeressaurier. ②

Quizfrage: Wer war schwerer – ein Blauwal oder der größte Dino?

☐ Der Wal. Nein, der Dino. Du bist nicht sicher und wählst die nächste Frage. ①

☐ Der Meeressäuger. Eine Tonne Plankton am Tag ist was für ganz große Jungs. ②

☐ Natürlich der Dino! Saurier sind und bleiben die größten für dich. ⓪

In Fantasyfilmen stoßen Drachen Dampf aus. Wie war das bei den Dinos?

☐ Wenn's draußen unter null Grad war. ❶

☐ Manche Sauropoden pumpten Blut unter die Nasenlöcher. Wenn's abgekühlt war, hat's gedampft. ❷

☐ Schnickschnack. Dafür konnten die Dinos Feuer spucken. ⓿

Lauter Dinogebisse! Woran erkennst du das eines Pflanzenfressers?

☐ Spinatreste zwischen den Zähnen. ❶

☐ An der Amalgam-Füllung. Amalgame – das waren doch diese Urzeitkrebse, oder? ⓿

☐ Die Zähne der Pflanzenfresser waren stumpf und „heruntergekaut". ❷

Ein Tag mit dem Dinojäger

Bei einer Ausgrabung in Afrika hat Tom „Dakota" Tagebuch geführt.

4.30 Sonnenaufgang. Aufstehen und frühstücken. Wie immer gibt's „Dinorührei mit Speck". Unser Koch hat Humor.

5.30 Fahrt ins Fundgebiet. Mein Geländewagen macht komische Geräusche. Sand im Getriebe?

6.00 Hier hat ein Sauropode seinen letzten Schnaufer getan. Gestern ragte die Schwanzwirbelsäule aus dem Boden. Ist es eine neue Art, nenne ich ihn Tommosaurus ;-).

9.00 Die Präparatoren gipsen eine Saurierrippe ein. Bauschaum ist leichter – aber leider alle.

11.00 Ich soll mir die Luftbilder einer neuen Stelle anschauen, aber die Internet-Verbindung bricht zusammen. Später.

12.00 Brütend heiß. Rückfahrt ins Camp.

14.00 Hocke vor dem Zelt und schreibe ins Feldtagebuch. Hier werden alle wichtigen Funde genau eingetragen.

17.00 Große Wäsche, dann Füllen der Petroleumlampen. Hier am Äquator wird es schlagartig dunkel.

18.30 Nach dem Abendessen sitzen alle zusammen. Jemand drückt mir einen wissenschaftlichen Reisebericht in die Hand. Es geht um unsere Gegend.

20.00 Ich lese, bis mir die Augen zufallen. Gute Nacht – bis zum nächsten Dinorührei!

Der Camarasaurus aus Amerika hatte eine Körpertemperatur von 35,7 Grad, der Brachiosaurus aus Tansania sogar 38,2 Grad.

Fieberthermometer besorgen!

Das Ende der Riesenechsen

Bleib lieber in der Kabine. Denn draußen herrscht dicke Luft – tödliche Schwefelwolken überall. Kein Wunder, wenn ein Vulkan nach dem anderen ausbricht. Ein Blick auf die Zeittafel: 64 Millionen Jahre vor unserer Zeitrechnung. Du schaust dich um: keine Spur von Dinosauriern.

Wie konnte das passieren? Viele Forscher glauben, das dicke Ende kam aus dem All. Ein gigantischer Meteorit schlägt vor etwa 65 Millionen Jahren im heutigen Mexiko ein. In den folgenden Jahrtausenden folgen weitere Einschläge. Die Sonne verfinstert sich, die Küsten werden von Tsunamis überrollt, das Klima spielt verrückt. Es wird kälter und kälter. Viele Arten sterben aus, im Meer und an Land.

Potus packt aus

Wurden die Dinos etwa von Riesenflöhen zu Tode gepeinigt? Sind sie deshalb ausgestorben? Wohl kaum. Aber in der Tat gab es Blutsauger, die sich in die dicke Saurierhaut bohrten. Die Dinoflöhe waren über zwei Zentimeter groß.

Am schlimmsten trifft es die Dinosaurier. Schön warm, so haben sie es am liebsten. Doch damit ist es vorbei. Außerdem wächst in kalten Zeiten weniger. Es gibt also weniger zu futtern. Doch die Saurier verschwinden nicht auf einen Schlag. Mindestens eine Million Jahre dauert es. Dann sind die Riesenechsen reif fürs Museum.

Es gibt noch andere Vermutungen: Die Vulkane sind schuld! Gleich massenweise speien sie Feuer und Asche. Trotzdem ist das Leben auf der Erde nicht zu Ende. Die Dinosaurier waren ja nicht allein gewesen. Wer war noch da? Die Fische, die Vögel, die Säugetiere.

Als Warmblüter machten denen Klimaschwankungen nicht so viel aus. Sie hatten besser entwickelte Kiefer und Zähne, konnten damit gründlicher kauen und die Nährstoffe besser verwerten.

Potus packt aus

Wenn eine Tiergruppe verschwindet, können andere Arten sich weiterentwickeln. Als die Dinosaurier ausgestorben waren, begann die Zeit der Säugetiere. Einige wurden im Verlauf der nächsten Millionen Jahre gigantisch groß – wie das Mammut. Die Tiere, die du unten siehst, sind wieder ausgestorben.

Sie wuchsen im Mutterleib heran, und das gab den jungen Säugern einen Entwicklungsvorsprung. So wurden die Säugetiere die neuen Stars auf der Bühne des Lebens. So, jetzt aber schnell zurück in die Gegenwart.

Urpferdchen

Glyptodon

Mammut

Wollnashorn

Was uns von den Dinos blieb
Luis befragt Tom „Dakota" Tanner

Luis: Okay, dann sind die Dinos also ausgestorben. Krass!

Tom: Aber manche Tiere von heute sind ihnen ein bisschen ähnlich. Guck dir mal den Sekretärvogel an. Das ist ein afrikanischer Vogel, der nicht fliegen kann und Insekten aufpickt.

Luis: Cool!

Tom: Auch in einem Spatz, einer Taube oder einem Raben kannst du mit Fantasie einen Dino erkennen. Klingt vielleicht verrückt – aber beim Körperbau gibt es Ähnlichkeiten.

Der einzige Komodowaran Deutschlands lebt im Zoo Leipzig.

Luis: Und die Landsaurier? Haben die auch Verwandte bei uns? Die Krokodile stammen ja wohl aus einer anderen Linie.

Tom: Genau. Hast du schon mal von Komodowaranen gehört? Diese Reptilien leben auf der Insel Komodo und werden bis zu drei Meter lang. Man sollte ihnen besser nicht in die Quere kommen.

Luis: … weil die Giftzähne haben. Hilfe!

Potus packt aus

Wie viele Saurierarten hat es eigentlich gegeben? Bis zu 6.000, behaupten manche Wissenschaftler. Beweisen können sie es nicht, denn von einigen gibt es keine Spuren. Was man aber sicher weiß: Wir kennen heute etwa 500 Gattungen mit vielen Tausend Arten.

Luis und Tom sagen Tschüss

Tom: Luis, ich kann dir gar nichts Neues mehr erzählen. Du weißt ja schon alles.

Luis: Nee, du weißt viel mehr! Hat Spaß gemacht mit dir.

Tom: Morgen geht mein Flieger nach Dakota. Da gibt es eine spannende Fundstelle.

Luis: Kann ich mit, Tom „Dakota"? Ich mach auch den Test.

Tom: Schick mir mal deine Auswertung. Vielleicht lass ich dich irgendwann nachkommen. Ständig unterhalten wir uns hier über Millionen von Jahren – da kommt es auf ein paar mehr oder weniger nicht an.

Luis: Alles klar!

Potus' Museumstipps

Willkommen im Frankfurter Senckenberg Naturmuseum mit der größten Dinoausstellung Deutschlands!

Museum für Naturkunde Berlin: das größte Dinoskelett der Welt – ein 13,27 Meter großer Brachiosaurus. *www.naturkundemuseum-berlin.de*

Museum Auberlehaus Trossingen: am größten Saurierfriedhof der Trias. *www.museum-auberlehaus.de*

Jura-Museum Eichstätt: *www.jura-museum.de*

Urwelt-Museum Hauff in Holzmaden, hier gibt's Fischsaurier aus dem Jurameer. *www.urweltmuseum.de*

Senckenberg Naturmuseum Frankfurt: die größte Dinoausstellung Deutschlands. *www.senckenberg.de*

Dinosaurier Park Münchehagen: Viele Aktionen für Kinder: Werde Dinoranger, berge selbst einen Dino oder besuche die Dinoentdeckerstunde. *www.dinopark.de*

Wenn du mal im Ausland bist:

Lyme Regis Museum, Dorset, England: auf den Spuren von Mary Anning. *www.lymeregismuseum.co.uk*

Zeittafel

Ende der Dinosaurier vor 65 Millionen Jahren

Kreide vor 145 bis 66 Millionen Jahren

T-Rex

Incisivosaurus

Jura vor 199 bis 145 Millionen Jahren

Urvogel Archäopteryx

Brachiosaurus

Trias vor 251 bis 200 Millionen Jahren

Herrerasaurus

Plesiosaurus

Auflösungen

Seite 9:
Diese „Schreckensklauen" gehören zu einem Deinonychus – richtig!
Das Geweih gehört einem Widder – falsch!
Der große Schädel gehört zum Protoceratops – richtig!
Die Eier stammen vom Oviraptor – richtig!
Dinos gab es auch in Australien. Aber das ist ein Bumerang – falsch!
Ein menschliches Gebiss – falsch!

Seite 25:
Fernseher, Konzertflügel, Astronaut, Mammutschädel, Steinsäule, Staubsauger

Seite 33:
Hast du gemerkt, welcher Sauriername frei erfunden ist: der Ferrarisaurus. Ein Ferrari ist ein Auto. Den Dracorex hogwartsia gibt es wirklich – zu Ehren des Drachens, gegen den Harry Potter einen Wettkampf bestehen muss.

Seite 50 bis 52: Test
9 bis 14 Punkte: Saurierstark! Bestimmt gehst du mal mit Tom Tanner Dinos jagen.
5 bis 8 Punkte: Nah dran. Besuch mal ein Dinomuseum, das könnte dir Spaß machen.
0 bis 4 Punkte: Lies das Buch einfach noch mal. Wer liest, ist klar im Vorteil!

Zum Zeitpunkt der Drucklegung wurden die im Buch angegebenen Internetadressen auf ihre Richtigkeit hin überprüft. Adressen und Inhalte können sich jedoch schnell ändern. So können Internetseiten für Kinder ungeeignete Links enthalten. Der Verlag kann nicht für Änderungen von Internetadressen oder für die Inhalte auf den angegebenen Internetseiten haftbar gemacht werden. Wir raten, Kinder nicht ohne Aufsicht im Internet recherchieren zu lassen.

Bildquellennachweis

akg-images/IAM: S. 5; Karen Chin/Royal Saskatchewan Museum: S. 13; Dinosaurier-Park Münchehagen (GmbH & Co. KG)/Pascal Bunk: S. 8; Dinosaurier-Park Münchehagen (GmbH & Co. KG): S. 31, S. 32, S. 49; Jura-Museum Willibaldsburg, Eichstätt: S. 48; Museum für Naturkunde Berlin: S. 37; picture-alliance/dpa/Holger Hollemann: S. 11; picture-alliance/dpa/Wolfgang Weihs: S. 47; picture-alliance/dpa/PA National Geographic Society: S. 11; picture-alliance/dpa/Frank Rumpenhorst: S. 21; picture-alliance/dpa/John Zich, S. 7, S. 34; picture-alliance/dpa/dpaweb/Friso Gentsch: S. 11; picture-alliance/dpa/dpaweb/Bernardo Gonzalez Riga: S. 11; picture-alliance/Sodapix AG/Michael Blaser: S. 29; Senckenberg Forschungsinstitut und Naturmuseum: S. 19, S. 23, S. 61; Urwelt-Museum Hauff/Rolf Hauff, Holzmaden: S. 27; Zoo Leipzig: S. 59.

1. Auflage 2012
© Arena Verlag GmbH, Würzburg 2012
Alle Rechte vorbehalten
Umschlagtypografie: knaus.büro für konzeptionelle und visuelle identitäten, www.e-knaus.de unter Verwendung einer Illustration von Derek Roczen
Illustrationen: Derek Roczen
Innengestaltung und Satz: Punkt und Komma, Claudia Böhme
Gesamtherstellung: Westermann Druck Zwickau GmbH
ISBN 978-3-401-06776-6

www.arena-verlag.de

Volker Präkelt
BAFF! Wissen

Mensch, Mammut!
Warum der Koloss ein dickes Fell brauchte und was die Ötzi-Forscher vermasselt haben

Was macht der Knochenspion im Neandertal? Mal eben einem Skelett auf den Zahn fühlen! Schließlich haben die Archäologen jede Menge tolle Infos aus der Steinzeit ausgebuddelt. Ob Mister Homo sapiens, Zottelmammuts oder andere Viecher, hier finden alle Kinder Wissenswertes – für die Schule und fürs Leben!

978-3-401-06778-0

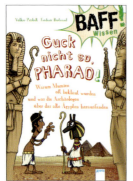

Guck nicht so, Pharao!
Warum Mumien oft beklaut wurden und was die Archäologen über das alte Ägypten herausfanden

Tutanchamun hatte einen Schuhtick? Ja, wirklich! Außer den lässigen Latschen fand Howard Carter im Pharaonengrab jede Menge andere Schätze. Und den stolzen Oberboss höchstpersönlich – als Mumie. Wer dieses abwechslungsreiche Buch liest, kennt sich aus im alten Ägypten.

978-3-401-06779-7

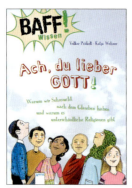

Ach, du lieber Gott!
Warum wir Sehnsucht nach dem Glauben haben und warum es unterschiedliche Religionen gibt

Speisung der Fünftausend. Hier gibt's Brot und Fisch für alle. Der Gastgeber: Jesus. Was passiert? Ein Wunder. Das ist wichtig für die Christen. Und wie denken Juden, Muslime und die anderen? Was es über verschiedene Religionen zu berichten gibt, erzählt dieser Band lebendig und einfühlsam.

978-3-401-06777-3

Jeder Band:
64 Seiten • Gebunden
Mit Fotos und farbigen Illustrationen
www.arena-verlag.de